Inhalt

IT-Industrie - "Viiv" die neue Intel-Plattform, die die Nutzung von Media-Center-PCs standardisiert

Kernthesen

Beitrag

Fallbeispiele

Weiterführende Literatur

Impressum

IT-Industrie - "Viiv" die neue Intel-Plattform, die die Nutzung von Media-Center-PCs standardisiert

M. Westphal

Kernthesen

- Intel bietet eine komplette Plattform an, die dem Media-Center-Konzept zum Erfolg verhelfen soll.
- Die Plattform "Viiv" ist eine Kombination aus Prozessoren, Chips und Software für Multimediacomputer.
- Intel möchte mit diesem Schritt sein Image aber auch sein Produktportfolio ändern hin

zu einem Lifestyle-Anbieter.
- Neben Intel bietet auch AMD eine vergleichbare Plattform an.

Beitrag

Auf der CeBit 2006 hat Intel mit seiner Chipbaugruppe unter dem Namen Viiv eine speziell auf Entertainment-Computer zugeschnittene Version mit verschiedenen weiterentwickelten Spezial-Prototypen vorgestellt.

Intel revolutioniert den Markt für Media-Center-PCs

Mit seiner neuen Plattform "Viiv" möchte Intel den Verkauf von Multimedia-Systemen unterstützen. Die Viiv-Plattform vereint PC-Funktionen, TV, DVD und HiFi-Anlage in einem auf sich abgestimmten System. Die Viiv-Plattform soll die Kombination aus Prozessoren, Chips und Software für Multimediacomputer standardisieren. (3) Außerdem hat Intel an entsprechenden Chips gearbeitet, die zwar zum Systemstart immer noch eine Minute benötigen, die aber innerhalb einer Sekunde aus dem Standby-Modus geweckt werden und damit ein wesentliches Hemmnis in der

Akzeptanz von PC-basierten Multimedia-Systemen verringern. (1)
Ebenso wird von Intel derzeit ein Chip geplant, der W-LAN und UMTS integriert. (7)

Für viele Computer-Hersteller ist die Positionierung ihrer Produkte als Unterhaltungsgeräte schon seit längerem ein auch strategisches Anliegen. Aber erst die jetzt von Intel vorgestellte Plattform Viiv ebnet wohl den Weg in das Wohnzimmer der Zielgruppe. (8) Schon bisher war ein PC nicht nur zum Schreiben und Rechnen da, sondern auch ein Gerät zur Unterhaltung. Allerdings konzentrierte sich die Unterhaltung bisher meist auf Spiele, die dann auch in derselben Haltung gespielt wurden wie am PC gearbeitet wurde, nämlich am Schreibtisch.
Bisher war auch die Konkurrenz insbesondere der traditionellen Anbieter für Unterhaltungselektronik zu groß. So konnte sich das Media-Center-Konzept noch nicht durchsetzen. Die nun von Intel vorgestellte Technologie-Plattform Viiv (ausgesprochen: Weif), die nicht nur aus Chips, sondern auch aus Microsoft-Technik besteht, soll hier für Abhilfe sorgen. Leicht bedienbare und leistungsfähige Unterhaltungscomputer sollen das Sofa stürmen. (8)
Viiv-Computer können mit sämtlichen digitalen Medien umgehen. Sie sind somit nicht nur geklonte Festplatten-Rekorder. Damit können sie eine Lücke

schließen zwischen dem digitalen Alltag der Menschen und dem bisher doch recht analogen Wohnzimmer der Konsumenten. (8)
Der wesentliche Bestandteil besteht in der Viiv-Logo-Strategie, die Intel schon bei den Centrino-Chips, die WLAN-Technik und stromsparende Chips miteinander verband, erfolgreich genutzt hat. So soll das Viiv-Logo, analog zu dem Centrino-Logo, welches heute viele Notebooks ziert, bald auf möglichst vielen Wohnzimmer-Geräten zu sehen sein. (8)
Da sich bereits eine größere Anzahl von PC-Herstellern der Viiv-Initiative angeschlossen hat, ist zu erwarten, dass in den kommenden Monaten eine ganze Menge an Geräten in den Ladenregalen auftauchen werden, die mit dem Viiv-Logo versehen sind und ihren Weg hoffentlich auch in die Wohnzimmer der Konsumenten schaffen werden. (8)

Plattformstrategie als Baustein auf dem Weg zum Lifestyle-Anbieter

Die Einführung einer "Plattform" ist für Intel sicher etwas Neues. Aber dieses ist Teil der neuen Strategie, die den Konzern weg von der reinen Konzentration auf den hart umkämpften Markt für PC-Chips hin zum Anbieter von Komponenten für Unterhaltungselektronik und mobilen Geräte führen

soll. In diesen Segmenten gab bisher der Hersteller von Spezialchips Texas Instruments den Ton an. (3) Intel will als Anbieter von innovativen Plattform-Lösungen eine neue Ära in der Arbeits- und Spielewelt sowie einen ganz neuen Lebensstil einläuten. Die avisierten Marktsegmente sind Mobility, Digital Home, Digital Enterprise und Digital Health. (10)
Intel möchte mit der Einführung der Viiv-Plattform ähnlich Abhängigkeiten erzeugen wie mit Centrino. Hersteller können sich dann schwer von Wettbewerbern differenzieren, auf der anderen Seite schafft Intel mit seinen Werbe-Milliarden eine Abhängigkeit, diese Intel-Plattformen zu implementieren. (2)
Gerüchten zufolge wird Intel in die Marketing-Kampagne, die Intel als emotionalere Marke positionieren soll, 2,5 Milliarden US-Dollar investieren. (5)

Viiv bietet für den Konsumenten viele Vorteile

Das wesentliche Merkmal von Viiv ist, dass bereits auf Hardware-Ebene die Funktionen verschiedener digitaler Geräte auf einer Plattform vereint werden. Somit dient Viiv als Medienzentrale im Wohnzimmer.

Sämtliche digitalen Medien sollen über diese Plattform konsumiert werden können. (5) Die Weitergabe an getestete Geräte wie Fernseher, DVD-Spieler, Set-Top Boxen und Wireless Router ist über Viiv-Zertifizierung sichergestellt. (10) Außerdem wird ein breitbandiger Internet-Anschluss erlaubt. Durch die Zwei-Kern-Prozessoren wird ein hohes Leistungsvermögen ermöglicht und die sofortige Einsatzbereitschaft garantiert. Denn, einmal eingeschaltet, muss das System nicht mehr gebootet werden. Der Stromverbrauch und das Betriebsgeräusch sind niedrig. Die Steuerung funktioniert nicht mehr über Maus und Tastatur, sondern mittels der gewohnten simplen Fernbedienung. (5) (4)
Mit Hilfe der Zwei-Kern-Prozessoren soll ermöglicht werden, dass mehrere Benutzer unterschiedliche Aufgaben mit dem PC gleichzeitig erledigen können. Der Download aus dem Internet bei gleichzeitigem Anschauen einer DVD soll möglich sein, außerdem wird das Design der Geräte den häuslichen Ansprüchen gerecht. Weitere Nutzerszenarien werden durch zusätzliche Intel-Software, die die Einrichtung von Netzwerken wesentlich erleichtert, ermöglicht. Zur Erhöhung der Benutzerfreundlichkeit dient die geplante Zertifizierung von Geräten wie Fernsehapparaten oder Settop-Boxen, um das Zusammenspiel von Medien wie Filmen, Bildern und Musik für den Nutzer bedienerfreundlich zu

gestalten. Ebenso werden Inhalte zertifiziert, um insgesamt die Bedienerfreundlichkeit zu erhöhen. (9) Für den Verbraucher bedeutet Viiv einen höheren Komfort, da die Nutzung digitaler Medien vom Sofa aus über die Fernbedienung gesteuert werden kann. Urlaubsbilder müssen nicht mehr im Arbeitszimmer auf Notebook oder PC betrachtet werden, sondern können auf den TV-Schirm im Wohnzimmer geschickt werden. (5)

Content ist ein wesentlicher Bestandteil einer Media-Center-Plattformstrategie

Die Viiv-Plattform besteht nicht nur aus Hard- und Software sondern auch aus Inhalten. Intel hat inzwischen weltweit mehr als 50 Inhaltelieferanten gewinnen können, deren Inhalte zertifiziert werden und dann mit dem "Enjoy with Viiv-Technology"-Logo versehen werden. Das ermöglicht dem Nutzer eine schnelle Identifikation von auf der Viiv-Plattform leicht zu nutzenden und funktionierenden Inhalten. Ebenso werden von Intel Geräte zertifiziert, um so den Aufbau eines sicheren Heimnetzwerkes zu erleichtern. Für den Nutzer soll durch die Zertifizierung und anschließende Kopplung mit dem

Viiv-Logo unmittelbar erkennbar sein, welche Geräte perfekt zu Viiv passen. (5)
Zertifizierte Inhaltelieferanten in Deutschland sind z. B. T-Online, Tiscali, Arvato Mobile und Ubisoft. Zum weltweiten Start von Viiv werden mehr als 1 000 Spielfilme, 10 000 TV-Serien und zwei Millionen Musiktitel zum Download bereitstehen. (5)
Auf der CES Anfang Januar in Las Vegas wurde die Zusammenarbeit mit mehr als 50 der wichtigsten Unternehmen der Unterhaltungsindustrie bekannt gegeben. Unter ihnen AOL, DirectTV, NBC Universal, Turner Broadcastings Game Tap, ESPN, Televisa, MTV Networks, Eros. (10)

Das bisherige Angebot an Media-Center-PCs war für den Kunden nicht zufriedenstellend

Die bisher auf dem Markt angebotenen Media-Center haben die Kunden nicht überzeugt. B-Brand-Hersteller wollten mit wenig Kosten viel Marge gewinnen. Die Produkte aber waren meistens zu laut und zu kompliziert in der Bedienung. In der Theorie lässt sich ein Media-Center auch mit einem klassischen PC verwirklichen. Die ausgereifte Technik für Media-Center befand sich aber noch im

Entwicklungsstadium. Inzwischen hat Microsoft mit der Media Center Edition 2005 ein entsprechend ausgereiftes Betriebssystem auf den Markt gebracht mit softwareseitig optimierten Funktionen und Schnittstellen für die Medienverwaltung. Außerdem können für Media-Center niedriger getaktete Prozessoren verwendet werden, sodass die entsprechenden Geräte leiser werden. Die Technologieplattformen Viiv oder AMD Live bieten darüber hinaus Standard-Schnittstellen für die Gerätehersteller aus dem Consumer-Electronics-Umfeld. Außerdem war bisher der nicht mögliche Einsatz von Standard-Fernbedienungen eine psychologische Kaufhürde, die inzwischen genommen wurde. (6)
Die Geräte können jetzt wie ein Fernseher direkt über die Fernbedienung ein- und ausgeschaltet und gesteuert werden. (10)

Die Viiv-Plattform dient auch dem Handel als Verkaufsunterstützung

Mit der erfolgreichen Vorstellung der Centrino-Mobilfunkplattform ist klar geworden, dass erklärungsbedürftige Funktionalität wie die von Entertainment-PCs durch griffige Szenarien erklärt werden müssen, um dem Fachhändler den Abverkauf

zu erleichtern. (9)
Die Basis der Viiv-Technologie-Plattform soll den Umstieg der Konsumenten auf PCs als Plattform für das digitale Heim erleichtern. Das Herzstück der Plattform bilden die aktuellen Pentium-D-Chips, die mit zwei Prozessor-Kernen ausgestattet sind. Somit wird mehr Leistung für Multitasking-Anforderungen ermöglicht. So sollen sich in dieser Architektur die Computer, die mit dem Betriebssystem Microsoft Windows XP Media Center Edition 2005 ausgestattet sind, mit Fernbedienungen wie Geräte der Unterhaltungselektronik steuern lassen. (9)
Die Media Center Edition von Microsoft läuft allerdings nicht nur mit Intels Viiv-Plattform, sondern auch mit der AMD-Live-Plattform. (2) (9)
Die AMD-Prozessoren waren schon im vergangenen Jahr als Dual-Core-Modelle vorgestellt worden. Die Live-Plattform gibt es bereits für professionelle Anwendungen und wird nun auch für den privaten Bereich angeboten. Allerdings arbeitet AMD im Gegensatz zu Intel mit offenen Standards, um die Anbindung von kompatiblen Geräten und Inhalten für die Plattform zu erleichtern. Der Fernseher ist nicht zwingend integraler Bestandteil des Systems. (9) (2)
Aktuell gibt es noch keine Viiv-zertifizierten Media-Center-PCs in akzeptablen Gehäuseformen. (9)
Sollten die Viiv-Geräte ähnlich erfolgreich sein, wie die Centrino-Plattform wird der Handel steigende

Absatzzahlen erwarten dürfen, denn die Geräte als solches sind sehr erklärungsbedürftig, könnten aber mittels einer solchen Plattform gut abverkauft werden. (9)

Intel hat sich mit seiner Viiv-Plattform das Ziel gesetzt, Zuhause einfacher auf digitale Informationen und Unterhaltung zugreifen, diese verwalten und gemeinsam nutzen zu können. Sollte Intel hiermit Erfolg haben, wird sich das Gesicht der Unterhaltungselektronikbranche aber auch das der PC-Branche in den nächsten Jahren nachhaltig ändern. (10)
Die Erwartungen an die neue Plattform für Unterhaltungselektronik sind bei Intel hoch. So soll bereits im ersten Jahr ein starker Umsatzanstieg zu verzeichnen sein. Der weltgrößte Chiphersteller Intel erwartet, dass sich das Geschäft in den ersten zwölf Monaten nach Einführung der Viiv-Plattform besser entwickelt als nach der Einführung des Centrino-Chips. (3)

Fallbeispiele

Eine erfolgreiche Einführung einer Multimedia-

Plattform wie Viiv verlangt auch nach Kooperationen mit Unternehmen aus der Unterhaltungsindustrie. So hat Intel in Deutschland ein Joint Venture geschlossen mit In2movie und der Pro-Sieben-Sat-1-Gruppe. Diese Kooperationen sollen digitale Unterhaltung über das Internet ins Wohnzimmer bringen. (3)
In2movie ist ein Joint Venture des US-Filmstudios Warner Bros. Und der Bertelsmann-Tochter Arvato. Ziel ist es, zeitgleich zum Verkaufsstart von DVDs aktuelle Filme auch mittels der Viiv-Plattform über das Internet anzubieten. (3)

Ein japanischer Spezialist für Consumer Electronics hat in Japan bereits die ersten Viiv-zertifizierten Geräte auf dem Markt. Ein europäischer Hersteller für Unterhaltungselektronik wird sehr bald seine erste Viiv-basierte Produktlinie ankündigen. (10)

Weiterführende Literatur

(1) Neue Flash-Technologie Speicherchip beschleunigt PC-Start
aus HANDELSBLATT online 03.04.2006 09:04:50

(2) PROZESSORSCHMIEDEN IM DAUERCLINCH
"Wir beweisen gerade, dass Marketing nicht alles ist"
aus IT Business, Heft 12/2006, S. 8

(3) Intel setzt sich bei Viiv hohe Ziele
aus Süddeutsche Zeitung, 11.03.2006, Ausgabe
Deutschland, S. 25

(4) Unterhaltungselektronik Größer, flacher, bunter
und immer vernetzt
aus HANDELSBLATT online 20.6-.3-07 15:00:00

(5) "Wir schaffen eine emotionalere Marke"
aus HORIZONT 09 vom 02.03.2006 Seite 018

(6) DIGITAL IST BESSER Heimnetzwerke entwickeln
sich zum Umsatzbringer
aus IT Business, Heft 08/2006, S. 4

(7) GRENZENLOS DIGITAL Die Konvergenzwelle rollt. Vom Zusammenwachsen der Technologien profitieren Webkonzerne, Handybauer und Chiphersteller. Auch die Telekom geht in die Offensive. Hightech Festnetz, Mobilfunk, TV und Computer werden zu einem Markt. Seite 58 \ Interview Blackberry-Erfinder Mike Lazaridis über Sicherheit und Patente. Seite 64 \ HDTV Der neue Fernsehstandard steht vor dem Durchbruch. \ Seite 68 \ Internettelefonie Die besten Anbieter und die Top-Tarife in der Übersicht. \ Seite 72 \ Hightech
aus Capital vom 16.02.2006, Seite 58

(8) MID-Informatik Der Computer soll das Wohnzimmer erobern - endlich Mit "Viiv" will Intel aus dem Heimbüro ausbrechen Von Matthias Zehnder, mid/SDA

aus sda - Schweizerische Depeschenagentur, 20060214 0:59

(9) BUSINESS SCOUT VIIV ODER LIVE Schützenhilfe für Media-PCs
aus IT Business, Heft 07/2006, S. 28

(10) Intel pusht die »Viiv«-Plattform: Mehr als 110 Designs im ersten Quartal 2006 Technologie, die sich dem Lebensstil anpasst
aus Markt und Technik, Heft 04/2006, S. 20

Impressum

IT-Industrie - "Viiv" die neue Intel-Plattform, die die Nutzung von Media-Center-PCs standardisiert

Bibliografische Information der deutschen Nationalbibliothek

Die Deutsche Nationalbibliothek verzeichnet diese Publikation in der deutschen Nationalbibliografie; detaillierte bibliografische Daten sind im Internet über http://dnb.d-nb.de abrufbar.

ISBN: 978-3-7379-0315-8

© 2015 GBI-Genios Deutsche Wirtschaftsdatenbank GmbH, Freischützstraße 96, 81927 München, www.genios.de

Alle Rechte vorbehalten. Dieses Werk ist einschließlich aller seiner Teile – z.B. Texte, Tabellen und Grafiken - urheberrechtlich geschützt. Jede Verwertung außerhalb der Grenzen des Urheberrechtsgesetzes bedarf der vorherigen Zustimmung des Verlags. Dies gilt insbesondere auch für auszugsweise Nachdrucke, fotomechanische

Vervielfältigungen (Fotokopie/Mikroskopie), Übersetzungen, Auswertungen durch Datenbanken oder ähnliche Einrichtungen und die Einspeicherung und Verarbeitung in elektronischen Systemen.